CANTIQUES

CHOISIS.

MISSIONS.

Paris,

TYPOGRAPHIE H. VRAYET DE SURCY,

RUE DE SÈVRES, 57.

1846.

CANTIQUES CHOISIS

A L'USAGE

DES MISSIONS ET DES RETRAITES.

Pour l'ouverture d'une Mission.

Un Dieu vient se faire entendre ;
Cher peuple, quelle faveur !
A sa voix il faut se rendre ;
Il demande votre cœur.

Accourez, peuple fidèle ;
Venez à la mission.
Le Seigneur qui vous appelle,
Veut votre conversion.

Dans l'état le plus horrible
Le péché vous a réduits ;
Mais à vos malheurs sensible,
Dieu vers vous nous a conduits.
Accourez, etc.

1

Sur vous il fera reluire
Une céleste clarté ;
Dans vos cœurs il va produire
Le feu de la charité.
      Accourez, etc.

Trop longtemps, hélas ! le crime
A pour vous eu des attraits ;
Qu'un saint désir vous anime
A le bannir pour jamais.
      Accourez, etc.

Loin de vous toute injustice,
Loin toute division ;
Que partout se rétablisse
La concorde, l'union.
      Accourez, etc.

Du blasphème, du parjure
Marquez une sainte horreur ;
Plus en vous de flamme impure ;
N'aimez plus que la pudeur.
      Accourez, etc.

Évitez l'intempérance,
Et tout plaisir criminel ;
Que chacun enfin ne pense
Qu'à son salut éternel.
      Accourez, etc.

Sans tarder, changez de vie ;
Sur vos maux pleurez, pécheurs ;
C'est Dieu qui vous y convie,
N'endurcissez point vos cœurs.
    Accourez, etc.

Quel bonheur inestimable,
Si, plein d'un vrai repentir,
De son état misérable
Tout pécheur voulait sortir !
    Accourez, etc.

Ah ! Seigneur, qu'enfin se fasse
Ce désiré changement !
Dans les cœurs, par votre grâce,
Venez agir promptement.
Brisez, ô Dieu de clémence !
Leur coupable dureté ;
Qu'une sainte pénitence
Lave leur iniquité.
    Accourez , etc.

Invocation au Saint-Esprit.

Esprit saint, descendez en nous ; *bis.*
Embrasez notre cœur de vos feux,
    De vos feux   *bis.*
    Les plus doux.

Sans vous, notre vaine prudence

4

Ne peut, hélas ! que s'égarer ;
Ah ! dissipez notre ignorance,   *bis.*
     Esprit d'intelligence,   } *bis.*
     Venez nous éclairer.

Ref. Esprit saint descendez en nous, etc.

Le noir enfer, pour nous livrer la guerre,
Se réunit au monde séducteur :
Tout est pour nous embûche sur la terre,
Soyez, soyez notre libérateur.   *bis.*
Ref. Esprit saint, etc.

Enseignez-nous la divine sagesse;
Seule elle peut nous conduire au bonheur;
Dans ses sentiers qu'heureuse est la jeunesse!
     Qu'heureuse est la vieillesse !   *bis.*
Ref. Esprit saint, etc.

Autre.

     Dieu d'amour,
     En ce jour,
Viens, et descends dans mon âme ;
Oui, viens, mon âme est à toi sans retour.

     Mon cœur qui te réclame,
     Abjure ses erreurs,
Et désire, esprit de flamme,
Brûler de tes saintes ardeurs.
     Mon cœur, etc.

Il est temps,
Je me rends,
Seigneur, ta bonté m'enchante :
Mon cœur se livre aux plus doux sentiments.

Sous ta loi bienfaisante,
Si tu veux, ô mon Dieu,
Fixer mon âme inconstante,
Viens l'y graver en traits de feu.
Sous ta loi, etc.

Autre.

Descends, Dieu de lumière :
Descends en ce beau jour,
Viens embraser la terre
Du feu de ton amour ;
De tes divines flammes
Embrase notre cœur ;
Descends, viens dans nos âmes,
O sanctificateur !

Autre.

Esprit saint, comblez nos vœux,
Embrasez nos âmes
Des plus vives flammes ;
Esprit saint, comblez nos vœux,
Embrasez nos âmes

6

De vos plus doux feux.
Esprit, etc.

Seul auteur de tous les dons,
De vous seul nous attendons
Tout notre secours,
Dans ces saints jours.
Esprit, etc.

Donnez-nous ces purs désirs,
Ces pleurs saints, ces vrais soupirs,
Qui des grands pécheurs
Changent les cœurs.
Esprit, etc.

Les effets du Saint-Esprit.

1. Quel feu s'allume dans mon cœur !
Quel Dieu vient habiter mon âme !
A son aspect consolateur,
Et je m'éclaire et je m'enflamme ;
Je t'adore, esprit créateur.
Parais, Dieu de lumière,   *bis.*
Et viens renouveler la face de la terre.

2. Je vois mille ennemis divers
Conjurer ma perte éternelle ;
J'entends tous leurs complots pervers,
Dieu ! romps leur trame criminelle ;
Qu'ils retombent dans les enfers !
Parais, etc.

3. Quels sont ces profanes accents,
   Ces cris et ces pompeuses fêtes !
   De Baal ce sont les enfants ;
   De fleurs ils couronnent leurs têtes
   Que va frapper la faux du temps.
      Parais, etc.

4. Voyez comme les insensés
   Dansent sur leur tombe entr'ouverte !
   La mort les suit à pas pressés,
   En riant ils vont à leur perte.
   Dieu regarde,... ils sont dispersés.
      Parais, etc.

5. Quoi ! pour un moment de plaisir,
   Mon Dieu ! j'oublîrais ta loi sainte,
   Dans l'égarement du désir,
   Je pourrais vivre sans ta crainte !
   Non, mon Dieu ! non, plutôt mourir !
      Parais, etc.

6. Un jour plus pur luit à mes yeux :
   Dieu de clarté, je t'en rends grâce.
   Je vois fuir l'esprit ténébreux :
   La Foi dans mon cœur prend sa place.
   Tous mes désirs sont pour les cieux.
      Parais, etc.

7. Chrétien par amour et par choix,
   Et fier de ton ignominie,
   Je t'embrasse, ô divine Croix,

Je t'embrasse avec ta folie.
Dont j'osais rougir autrefois.
  Parais, etc.

8. Loin de moi, vains ajustements,
A mon Dieu vous faites injure;
Délices des cœurs innocents,
Que la pudeur soit ma parure.
Esprit saint, garde tous mes sens.
  Parais, etc.

9. Si quelques-moments égaré,
Je te fuyais, beauté divine,
Allume en mon cœur déchiré,
Allume une guerre intestine;
De remords qu'il soit dévoré.
  Parais, etc.

10. Ah! plutôt règne, Dieu d'amour,
Sur ce cœur devenu ton temple;
Que je t'honore dès ce jour;
Que mon œil charmé te contemple
Dans l'éclat du divin séjour.
  Parais, etc.

Sur le Salut.

1. Nous n'avons à faire
Que notre salut;   *bis.*

C'est là notre but,
C'est là notre unique affaire.
Nous serons heureux
En cherchant les Cieux.　　　　*bis.*

2. Notre âme immortelle
Est faite pour Dieu ;　　　　*bis.*
La terre est trop peu,
Ou plutôt n'est rien pour elle ;
Nous serons heureux
En cherchant les Cieux.　　　　*bis.*

3. Perte universelle !
Perdre son Sauveur,　　　　*bis.*
Perdre son bonheur,
Perdre la vie éternelle !
Afin d'être heureux
Nous cherchons les Cieux.　　　　*bis.*

4. Prends pour toi la terre,
Avare indigent ;　　　　*bis.*
Pour l'or et l'argent
Entreprends procès et guerre ;
Pour nous, plus heureux,
Nous cherchons les Cieux.　　　　*bis.*

5. Recherche, âme immonde,
Selon tes désirs,　　　　*bis.*
Les biens, les plaisirs
Et les honneurs de ce monde ;

Pour nous, plus heureux,
Nous cherchons les Cieux.   *bis.*

6. Poursuis la fumée
   D'un bien passager,   *bis.*
   Gagne un monde entier :
Quel gain si l'âme est damnée!
   Pour nous, plus heureux,
   Nous cherchons les Cieux.   *bis.*

7. Nous cherchons la grâce,
   Le reste n'est rien;   *bis.*
   Ce n'est pas un bien,
Dès-lors qu'il trompe et qu'il passe.
   Afin d'être heureux,
   Nous cherchons les Cieux.   *bis.*

8. Point d'autre excellence
   Que l'humilité;   *bis.*
   Notre pauvreté
Fait toute notre abondance;
   L'objet de nos vœux
   C'est d'aller aux Cieux.   *bis.*

9. Notre savoir-faire
   Est tout dans la croix;   *bis.*
   Si nous sommes rois,
Ce n'est que sur le Calvaire;
   L'objet de nos vœux
   C'est d'aller aux Cieux.   *bis.*

10. Nous cherchons la vie,
     La gloire et la paix,   *bis.*
     Qui dure à jamais.
En avez-vous quelqu'envie ?
     Venez, suivez-nous,
     Et nous l'aurons tous.   *bis.*

11. Allons, par Marie,
     Allons à Jésus.   *bis.*
     Qu'avons-nous de plus ?
C'est la gloire, c'est la vie ;
     Venez, suivez-nous,
     Et nous l'aurons tous.   *bis.*

Invitation au Pécheur.

1. Reviens, pécheur, à ton Dieu qui t'appelle,
Viens au plus tôt te ranger sous sa loi.
Tu n'as été déjà que trop rebelle ;
Reviens à lui, puisqu'il revient à toi. *bis.*

2. Dans tes écarts sa voix se fait entendre :
Sans se lasser partout il te poursuit ;
D'un bon pasteur, du père le plus tendre,
Il a le cœur : ton cœur ingrat le fuit ! *bis.*

3. Attraits, frayeur, remords, secret langage ;
Rien n'échappait à son amour constant ;
A-t-il pour toi dû faire davantage ?
A-t-il pour toi dû même faire autant ? *bis.*

fut toujours pour toi plein de clémence,
on méchant cœur s'en prévaut chaque jour
lus de rigueur vaincrait ta résistance,
ı l'aimerais, s'il avait moins d'amour. *bis.*

arche au grand jour que t'offre sa lumière :
sa faveur tu peux faire le bien ;
 nuit bientôt finira ta carrière,
ıneste nuit, où l'on ne peut plus rien ! *bis.*

 courte vie est un songe qui passe,
 de ta mort le jour est incertain.
 l'Eternel veut te donner sa grâce,
 promit-il jamais le lendemain ?   *bis.*

n ; le ciel doit te combler de délices,
 la vertu te suit à ton trépas ;
 bien l'enfer t'ouvrir ses précipices,
 c'est le crime : et tu n'y penses pas ! *bis.*

Le Pêcheur
oque la miséricorde de Dieu.

. Seigneur, Dieu de clémence,
 Reçois ce grand pécheur,
 A qui la pénitence
 Touche aujourd'hui le cœur ;
 Vois d'un œil secourable
 L'excès de son malheur,
 Et d'un cœur trop coupable
 Accepte la douleur.

2. Je suis un infidèle
   Qui méconnus tes lois;
   Un perfide, un rebelle,
   Qui péchai mille fois.
   Jamais dans l'innocence
   Je n'ai coulé mes jours;
   Toujours plus d'une offense
   En a terni le cours.

3. Chargé de mille crimes,
   Souvent j'ai mérité
   D'entrer dans les abîmes,
   Pour une éternité.
   J'ai peu craint la colère
   De ton bras irrité,
   Mais, cependant, j'espère,
   Seigneur, en ta bonté.

4. Lorsqu'à ton indulgence
   Un coupable a recours,
   Des traits de ta vengeance
   Ton cœur suspend le cours.
   Rempli de confiance,
   J'ose venir à toi :
   Au nom de ta clémence ,
   Grand Dieu, pardonne-moi.

5. Ah ! quand je me rappelle
   Combien je fus pécheur,
   Une douleur mortelle

S'empare de mon cœur.
Par quel malheur extrême,
Ai-je offensé souvent
Un' Dieu, la bonté même,
Un Dieu si bienfaisant !

6. Fuis loin, péché funeste,
Dont je fus trop charmé ;
Péché que je déteste,
Et que j'ai trop aimé !
O Dieu bon ! ô bon père !
Tu vois mon repentir :
Avant de te déplaire,
Plutôt, plutôt mourir !

7. C'est fait, je le proteste,
Plus de péché pour moi !
Le ciel que j'en atteste,
Garantira ma foi.
Le Dieu qui me pardonne
Aura tout mon amour !
A lui seul je me donne
Sans borne et sans retour.

Sentiments de Contrition.

1. Hélas !
Quelle douleur

Remplit mon cœur,
Fait couler mes larmes !
Hélas !
Quelle douleur
Remplit mon cœur
De crainte et d'horreur !
Autrefois ,
Seigneur, sans alarmes,
De tes lois
Je goûtais les charmes.
Hélas !
Vœux superflus !
Beaux jours perdus !
Vous ne serez plus ! ! !
2. La mort
Déjà me suit ;
O triste nuit !
Déjà je succombe.
La mort
Déjà me suit ;
Le monde fuit,
Tout s'évanouit.
Je la vois
Entr'ouvrant ma tombe,
Et sa voix
M'appelle et j'y tombe.
O mort ,
Cruelle mort !

Si jeune encor !
Quel funeste sort !

3. Frémis,
Ingrat pécheur,
Un Dieu vengeur
D'un regard sévère ;
Frémis ,
Ingrat pécheur ,
Un Dieu vengeur
Va sonder ton cœur.
Malheureux !
Entends son tonnerre,
Si tu peux,
Soutiens sa colère.
Frémis ,
Seul aujourd'hui ,
Sans nul appui
Parais devant lui.

4. Grand Dieu !
Quel jour affreux
Luit à mes yeux !
Quel horrible abîme !
Grand Dieu !
Quel jour affreux
Luit à mes yeux !
Quels lugubres feux !
Oui l'Enfer ,

Vengeur de mon crime,
Est ouvert,
Attend sa victime.
Grand Dieu !
Quel avenir !
Pleurer, gémir,
Toujours te haïr !

5. Beau ciel,
Je t'ai perdu ;
Je t'ai vendu,
Par de vains caprices.
Beau ciel !
Je t'ai perdu,
Je t'ai vendu ;
Regrets superflus !
Loin de toi,
Toutes tes délices
Sont pour moi
De nouveaux supplices.
Beau ciel
Toi que j'aimais,
Qui me charmais,
Ne te voir jamais !

6. O vous,
Enfants pieux,
Toujours joyeux
Et pleins d'espérance !

18

O vous ,
Enfants pieux ,
Toujours joyeux !
Moi seul malheureux !
J'ai voulu
Sortir de l'enfance ;
J'ai perdu
L'aimable innocence.
O vous ,
Du ciel un jour
Heureuse cour ,
Adieu sans retour !

7. Non , non ,
C'est une erreur :
Dans mon malheur
Hélas ! je m'oublie.
Non , non ,
C'est une erreur :
Dans mon malheur ,
Je trouve un sauveur.
Il m'entend ,
Me réconcilie ;
Dans son sang
Je reprends la vie.
Non , non ;
Je l'aime encor ,
Et le remords
A changé mon sort.

8. Jésus,
Manne des cieux,
Pain des heureux,
Mon cœur te réclame :
Jésus,
Manne des cieux,
Pain des heureux,
Viens combler mes vœux !
Désormais
Ta divine flamme,
Pour jamais
Embrase mon âme ;
Jésus,
O mon Sauveur !
Fais de mon cœur
L'éternel bonheur.

Lé Péché.

1. Mon Dieu, mon cœur touché
D'avoir péché,
Demande grâce.
Joins à tous tes bienfaits
L'oubli de mes forfaits ;
Je n'ose plus du ciel contempler la surface.
Refr. Pardon, mon Dieu, pardon,
Mon Dieu, pardon ;
N'es-tu pas un Dieu bon ?

Mon Dieu, pardon ;
N'es-tu pas un Dieu bon ?
2. Ah ! dans cette saison
Où ma raison
Devait te suivre,
J'errais des jours entiers
Dans de honteux sentiers,
Comment à mes malheurs m'as-tu laissé survivre?
3. Tu me disais souvent :
Viens, mon enfant,
Ma voix t'appelle ;
J'allais à mes plaisirs,
Au gré de mes désirs ;
Et tu peux si longtemps garder un fils rebelle!
4. Je pouvais bien périr
Sans recourir
A ta clémence ;
J'allais traîner mes fers
Dans le fond des enfers;
Comment porter alors le poids de ta vengeance !
5. Etant si sensuel,
D'un feu cruel
Souffrir la peine !
Formé pour le bonheur,
Gémir dans la douleur,
Et d'un Dieu courroucé porter toujours la haine!
6. Mon Dieu, toujours gémir,
Jamais jouir

De ta présence !
N'avoir aucun espoir
D'aller , enfin , te voir !
Comment souffrir l'ennui d'une éternelle absence?
7. Condamné par ta loi ,
Privé de toi
Par ma malice ;
Coupable infortuné ,
Pourquoi serais-je né ?
Fais taire à mon égard les droits de ta justice.
8. Plus juste désormais ,
Et pour jamais
Brebis fidèle ,
Je vivrai dans les pleurs ,
Dans les saintes rigueurs ;
Heureux si je parviens à la gloire immortelle!

Vanité des choses du Monde.

1. Tout n'est que vanité ,
Mensonge , fragilité ,
Dans tous ces objets divers
Qu'offre à nos regards l'univers :
Tous ces brillants dehors ,
Cette pompe ,
Ces biens , ces trésors ,
Tout nous trompe ,
Tout nous éblouit ,
Mais tout nous échappe et nous fuit.

2. Telles qu'on voit les fleurs,
Avec leurs vives couleurs,
Éclore, s'épanouir,
Se faner, tomber et périr :
Tel est des vains attraits
Le partage ;
Tel l'éclat, les traits
Du bel âge,
Après quelques jours,
Perdent leur beauté pour toujours.

3. En vain, pour être heureux,
Le jeune voluptueux
Se plonge dans les douceurs
Qu'offrent les mondains séducteurs ;
Plus il suit les plaisirs
Qui l'enchantent,
Et moins ses désirs
Se contentent :
Le bonheur le fuit
A mesure qu'il le poursuit.

4. Que doivent devenir,
Pour l'homme qui doit mourir,
Ces biens longtemps amassés,
Cet argent, cet or entassés ?
Fût-il du genre humain
Seul le maître,
Pour lui tout enfin

Cesse d'être ;
Au jour de son deuil
Il n'a plus pour lui qu'un cercueil.

5. Arbitre des humains,
Dieu seul tient entre ses mains
Les événements divers
Et le sort de tout l'univers ;
Seul il n'a qu'à parler,
Et la foudre
Va frapper, brûler,
Mettre en poudre
Les plus grands héros,
Comme les plus vils vermisseaux.

6. La mort, dans son courroux,
Dispense à son gré ses coups,
Et l'homme ne fut jamais
A l'abri d'un seul de ses traits,
Sur son triste retour
La vieillesse,
Dans son plus beau jour
La jeunesse,
L'enfance au berceau,
Trouvent tour à tour leur tombeau.

7. Oh ! combien malheureux
Est l'homme présomptueux,
Qui dans ce monde trompeur

Croit pouvoir trouver son bonheur !
Dieu seul est immortel,
Immuable,
Seul grand, éternel,
Seul aimable ;
Avec son secours,
Donnons-nous à lui pour toujours.

Pour l'Élévation et la Bénédiction.

Spectacle ravissant !
Le Dieu de la nature
Contemple en ce moment
Son humble créature.
Oui, l'Eternel, le Roi des cieux,
Pour nous est présent en ces lieux.
Oh ! quel bonheur !
Donnons-lui notre cœur.

Aimons ce Dieu d'amour,
C'est le meilleur des pères :
Dans cet heureux séjour,
Touché de nos misères,
Il veut combler de ses présents,
Il veut bénir tous ses enfants.
Oh ! quel bonheur !
Donnons-lui notre cœur.

Autre.

O Roi des Cieux !
Vous nous rendez tous heureux ;
Vous comblez tous nos vœux
En résidant pour nous dans ces lieux.

1. Prodige d'amour,
Dans ce séjour
Vous vous immolez pour nous chaque jour ;
A l'homme mortel
Vous offrez un aliment éternel.
O roi des Cieux ! etc.

2. Seigneur, vos enfants
Reconnaissants,
Vous offrent les plus tendres sentiments ;
Leurs cœurs, sans retour,
Veulent brûler du feu de votre amour.
O roi des Cieux ! etc.

3. Chantons tous en chœur :
Amour, honneur
A Jésus notre aimable Rédempteur !
Chantons à jamais
De son amour les éternels bienfaits.
O roi des cieux ! etc.

Autre.

1. Mon doux Jésus, enfin voici le temps
   De pardonner à nos cœurs pénitents ;
   Nous n'offenserons jamais plus
   Votre bonté suprême,   } bis.
   O doux Jésus !

2. Puisqu'un pécheur vous a coûté si cher,
   Faites-lui grâce, il ne veut plus pécher.
   Ah ! ne perdez pas, cette fois,
   La conquête admirable   } bis.
   De votre Croix.

3. Enfin, mon Dieu, nous sommes à genoux,
   Pour vous prier de nous pardonner tous.
   Pardonnez-nous, ô Dieu clément !
   Lavez nous de nos crimes   } bis.
   Dans votre sang.

Autre.

Adorons ici notre Dieu ;
C'est lui, chrétiens, rendons-lui nos hommages ;
Que la foi perce les nuages   } bis.
Qui le cachent en ce saint lieu.

Bénissez-nous, divin Jésus,
Jetez sur nous un regard salutaire,
  Le doux regard d'un tendre père ,   } *bis.*
  Ce regard qui fait les élus.

Pour la Communion.

Venez, Jésus, venez, ô mon Sauveur ;
Venez, venez, ô le Dieu de mon cœur.
Au pied de vos autels un doux espoir m'attire ;
Vous me l'avez promis , le bien que je désire.
Venez, Jésus, venez, ô mon Sauveur ;
Venez, venez, c'est le vœu de mon cœur.

Venez, Jésus, venez, ô mon Sauveur ;
Venez, venez, ô le Roi de mon cœur.
Longtemps, ah! trop longtemps ce cœur vous fut rebelle ;
Désormais, je le jure, il vous sera fidèle.
Venez, Jésus, venez, ô mon Sauveur ;
Venez, venez, régnez seul dans mon cœur.

Venez, Jésus, venez, ô mon Sauveur ;
Venez, venez, tendre Époux de mon cœur.
Du plus ardent amour vous brûlez pour les âmes ;
Quand pourrai-je pour vous brûler des mêmes flammes !
Venez, Jésus, venez, ô mon Sauveur ;
Venez, venez, et consumez mon cœur.

Venez, Jésus, venez, ô mon Sauveur ;
Venez, venez, délices de mon cœur.
Vous vous êtes caché dans la divine hostie,
Pour être mon trésor, ma lumière, ma vie.

Venez, Jésus, venez, ô mon Sauveur ;
Venez, venez, vivez seul dans mon cœur.

Venez, Jésus, venez, ô mon Sauveur ;
Venez, venez, digne objet de mon cœur :
Mon guide et mon soutien, mon maître et mon modèle,
Mon doux consolateur et mon ami fidèle :
Venez, Jésus, venez, ô mon Sauveur ;
Venez, venez, vous unir à mon cœur.

Venez, Jésus, venez, ô mon Sauveur ;
Venez, venez, ô seul bien de mon cœur.
Ma victime au Calvaire, ici mon espérance,
Mon refuge à la mort, au ciel ma récompense ;
Venez, Jésus, venez, ô mon Sauveur ;
Venez, venez, et possédez mon cœur.

Autre.

Je l'ai trouvé, le seul objet que j'aime !
Je l'ai trouvé, je ne le quitte plus ;
Je le possède au dedans de moi-même,
Je l'ai trouvé, mon cœur dit : c'est Jésus.

CHŒUR.

Au grand Dieu qui nous aime
Amour, amour extrême !
Dans nos transports, répétons tour à tour :
Je dois l'aimer, je l'aime sans retour.   *bis.*

Oui, c'est Jésus, le trésor de la terre,
Jésus, lui seul le bonheur des élus ;

Jésus, mon Dieu, mon sauveur et mon père,
Je l'ai trouvé, mon cœur dit : c'est Jésus.

Oui, c'est Jésus : il règne dans mon âme,
Il l'enrichit de dons et de vertus ;
Il la console, il l'instruit, il l'enflamme ;
Je l'ai trouvé, mon cœur dit : c'est Jésus.

Oui, c'est Jésus, à lui seul tout mon être,
A son amour je ne résiste plus.
Oh! qui dans moi désormais sera maître ?
Je l'ai trouvé, mon cœur dit : c'est Jésus.

Autre.

1. Goûtez, âmes ferventes,
   Goûtez votre bonheur ;
   Mais demeurez constantes
   Dans votre sainte ardeur.
   Heureux mille fois le cœur
   Où règne l'innocence ;
   Heureux mille fois le cœur
      Où règne la ferveur.   *bis.*

2. Elle est le vrai partage
   Et le sceau des élus ;
   Elle est l'appui, le gage
   Et l'âme des vertus.
      Heureux, etc.

3. Par elle la foi vive
  S'allume dans nos cœurs,
  Et sa lumière active
  Guide et règle nos mœurs.
    Heureux, etc.

4. Par elle l'espérance
  Ranime ses soupirs,
  Et croit jouir d'avance
  Des célestes plaisirs.
    Heureux, etc.

5. Par elle, dans les âmes,
  S'accroît, de jour en jour,
  L'activité des flammes
  Du pur et saint amour.
    Heureux, etc.

6. C'est sa vertu puissante
  Qui garantit nos sens,
  De l'amorce attrayante
  Des plaisirs séduisants.
    Heureux, etc.

7. C'est sous sa vigilance,
  Que l'esprit et le cœur
  Conservent l'innocence
  Et l'aimable pudeur.
    Heureux, etc.

8. C'est elle qui, de l'âme
Dévoile la grandeur ;
Et le zèle s'enflamme
Par sa brûlante ardeur.
Heureux, etc.

9. De l'âme pénitente
Elle adoucit les pleurs,
Et de l'âme souffrante
Elle éteint les douleurs.
Heureux, etc.

10. Celui qui fut docile
A vivre sous ses lois,
Courut d'un pas agile
La route de la Croix.
Heureux, etc.

11. Par elle, du martyre
Les sanglantes rigueurs,
Au cœur qui le désire,
N'offrent que des douceurs.
Heureux, etc.

12. Elle est, pour qui seconde
Ses généreux efforts,
Une source féconde
De célestes trésors.
Heureux, etc.

13. Une larme sincère,
    Un seul soupir du cœur,
    Par elle a de quoi plaire
    Aux yeux purs du Seigneur.
        Heureux, etc.

14. C'est elle qui prépare
    Tous ces traits de beauté,
    Dont la main de Dieu pare
    Les Saints dans sa clarté.
        Heureux, etc.

15. Sous ses heureux auspices,
    On goûte les bienfaits,
    Les charmes, les délices
    De la plus douce paix.
        Heureux, etc.

16. Mais, sans sa vive flamme,
    Tout déplaît, tout languit,
    Et la beauté de l'âme
    Se fane et dépérit.
        Heureux, etc.

Autre.

Mon cœur, en ce jour solennel,
Il faut enfin choisir un maître ;

Balancer serait criminel,
Quand Dieu seul est digne de l'être.
C'en est donc fait, ô Dieu sauveur !   } *bis.*
A vous seul je donne mon cœur.

A qui doit-il appartenir,
Ce cœur qui vous doit l'existence,
Que vous avez daigné nourrir
De votre immortelle substance ?   C'en est...

A chercher la félicité,
Hélas ! en vain je me consume :
Loin de vous tout est vanité,
Déplaisir, tristesse, amertume.   C'en est...

Vous seul pouvez me rendre heureux ;
Je le sens, oui, votre présence
A pleinement comblé mes vœux,
Et fixé ma longue inconstance.   C'en est...

Que sont tous les biens d'ici-bas ?
Qu'ils ont peu de valeur réelle !
Tous ensemble ils ne peuvent pas
Satisfaire une âme immortelle.   C'en est...

Que puis-je désirer de plus ?
Je possède mon Dieu lui-même.
Ah ! tous les biens sont superflus,
Quand on jouit du bien suprême. C'en est...

En vain, trop séduisants plaisirs,
Vous faites briller tous vos charmes ;

Vous trompez toujours nos désirs,
Et vous finissez par des larmes.   C'en est...

Dans votre festin précieux,
Quelle innocente et douce ivresse !
Oh ! quels plaisirs délicieux
Me fait goûter votre tendresse !   C'en est...

Le monde prétend, à tout prix,
Qu'à suivre ses lois je m'engage :
Tu n'obtiendras que mon mépris,
Monde aussi trompeur que volage. C'en est...

Vous m'avez dit avec douceur :
Mon enfant, prends mon joug aimable ;
Quand on le porte avec ardeur,
Il est léger, doux, agréable.   C'en est...

Qu'ils sont étonnants, vos bienfaits !
Leur grandeur fait mon impuissance ;
Et comment pourrai-je jamais
Acquitter ma reconnaissance ?   C'en est...

Vous voulez bien me demander
De mon cœur la chétive offrande ;
Hésiterais-je d'accorder
Ce que le Tout-Puissant demande? C'en est...

Oui, ce cœur vous est consacré ;
Je veux que toujours il vous aime :
J'en atteste le don sacré
Qu'il tient de votre amour extrême. C'en est..

Sur le Ciel.

Non, non, je n'aime que les cieux
Et leurs délices éternelles!
Pour m'envoler en ces beaux lieux,
O Seigneur, donne-moi des ailes.

CHOEUR.

Au ciel, au ciel est le bonheur,
Au ciel, au ciel volons, mon cœur;
Au ciel, au ciel est le bonheur,
Au ciel, au ciel volons, mon cœur. *bis.*

A d'autres, ô monde, tes biens,
Ton bonheur brillant, mais frivole;
Au ciel toujours seront les miens!
Adieu, vers le ciel je m'envole.

Oh! que la terre me déplaît,
Beau ciel, quand je te considère!
Mon cœur la méprise et la hait
Comme la fange et la poussière.

Suis, mon âme, au ciel les soupirs
Qui de mon cœur y vont sans cesse :
Là, tu pourras des vrais plaisirs
A longs traits savourer l'ivresse.

Sur la Croix.

1. Vive Jésus, vive sa croix !
 N'est-il pas bien juste qu'on l'aime,
 Puisqu'en expirant sur ce bois
 Il nous aima plus que lui-même ?
 Chrétiens, chantons à haute voix :
 Vive Jésus, vive sa croix !   *bis.*

2. Vive Jésus, vive sa croix !
 Le Sauveur l'ayant épousée,
 Elle n'est plus comme autrefois
 Un objet d'horreur, de risée, Chrétiens, etc.

3. Vive Jésus, vive sa croix !
 Arbre dont le fruit salutaire
 Répare le mal qu'autrefois
 Fit le péché du premier père. Chrétiens, etc.

4. Vive Jésus, vive sa croix !
 C'est l'étendard de la victoire ;
 Par elle il nous donna ses lois,
 Par elle il entra dans sa gloire. Chrét., etc.

5. Vive Jésus, vive sa croix !
 De tous nos biens source féconde ;
 Qui, dans le sang du Roi des Rois,
 A lavé les péchés du monde. Chrétiens, etc.

6. Vive Jésus, vive sa croix !
 La chaire de son éloquence,

Où me prêchant ce que je crois,
Il m'apprend tout par son silence. Chrét., etc.

7. Vive Jésus, vive sa croix !
Ce n'est pas le bois que j'adore ;
Mais c'est mon Sauveur sur ce bois
Que je révère et que j'implore. Chrét., etc.

8. Vive Jésus, vive sa croix !
Prenons-la pour notre partage ;
Ce juste, cet aimable choix
Conduit au céleste héritage.   Chrét. etc.

Sur le Respect humain.

Tyran des enfers,
Nous brisons tes fers,
Pour nous plus d'esclavage ;
Unissons nos voix,
Rendons à la Croix
Un sincère et public hommage.

1. Jurons haine au respect humain,
Brisons cette idole fragile ;
Sur ses débris, que notre main
Elève un trône à l'évangile.
        Tyran, etc.

2. Chrétiens, d'une vaine terreur
Serons-nous toujours la victime ?

Qu'il soit banni de notre cœur,
Le cruel tyran qui l'opprime.
        Tyran, etc.

3. Sous le joug d'un monde censeur,
   Nous gémissons dès notre enfance;
   Recouvrons, vengeons notre honneur,
   Proclamons notre indépendance.
        Tyran, etc.

4. Partout flottent les étendards
   Qu'arbore à nos yeux la licence;
   Faisons briller à ses regards
   La bannière de l'innocence.
        Tyran, etc.

5. Tout chrétien doit être soldat,
   Rempli d'ardeur, né pour la gloire;
   Quand son chef le mène au combat,
   Tremblant il fuirait la victoire!
        Tyran, etc.

6. Tandis que sur le champ d'honneur
   La valeur signale les braves,
   On me verrait lâche et sans cœur
   Traînant les chaînes des esclaves!
        Tyran, etc.

7. Seigneur, ton camp sera le mien;
   Tant qu'il coulera dans mes veines
   Quelques gouttes de sang chrétien,

Monde, tes menaces sont vaines.
    Tyran, etc.

8. Divin Roi, jusqu'à mon trépas
  Mon cœur te restera fidèle;
  Puisse la croix, guidant mes pas,
  Me voir tomber, mourir près d'elle!
    Tyran, etc.

9. Chrétien, le signal est donné :
  Hâtons-nous, courons à la gloire;
  L'heure du triomphe a sonné,
  Le ciel nous promet la victoire.
    Tyran, etc.

Actions de Grâces.

1. Bénissons à jamais
  Le Seigneur dans ses bienfaits,
    Bénissons à jamais
  Le Seigneur dans ses bienfaits.

  Bénissez-le, saints Anges,
  Louez sa majesté,
  Rendez à sa bonté
  Mille et mille louanges.
    Bénissons, etc.

2. C'est un bien tendre père,
   Plein de bonté pour nous;
   Il nous supporte tous,
   Malgré notre misère.
       Bénissons, etc.

3. Comme un pasteur fidèle,
   Sans craindre le travail
   Il ramène au bercail
   Une brebis rebelle.
       Bénissons, etc.

4. Il a brisé ma chaîne,
   Il est mon protecteur;
   Et, comme un doux Sauveur,
   Il soulage ma peine.
       Bénissons, etc.

5. Il a guéri mon âme,
   Comme un bon médecin;
   Comme un flambeau divin,
   Il m'éclaire et m'enflamme.
       Bénissons, etc.

6. Il me comble à toute heure
   De grâce et de faveur;
   Dans le fond de mon cœur,
   Il a pris sa demeure.
       Bénissons, etc.

7. Sa bonté me supporte,
   Sa lumière m'instruit,
   Sa douceur me ravit,
   Son amour me transporte.
       Bénissons, etc.

8. Son cœur sera sans cesse
   Ma force et mon appui;
   Je me consacre à lui,
   Son tendre amour me presse.
       Bénissons, etc.

9. Ma devise chérie,
   Ma gloire et mon bonheur,
   Seront d'être au Seigneur
   Pendant toute la vie.
       Bénissons, etc.

10. Dieu seul est ma tendresse,
    Dieu seul est mon soutien,
    Dieu seul est tout mon bien,
    Ma vie et ma richesse.
        Bénissons, etc.

Marie invite le Pécheur à recourir à elle.

Reine des cieux, ô divine Marie,
Qu'il nous est doux de chanter vos faveurs !
Heureux celui qui consacre sa vie
A vous bénir, à vous gagner des cœurs !

Que de bienfaits, que de grâces touchantes
Vous répandez sur vos enfants chéris !
Tous sont aimés : les âmes repentantes,
Vous les nommez vos fidèles amis.

Juste, bénis ta bienfaisante mère,
Qui t'embellit de toutes les vertus,
Qui t'inspira le désir de lui plaire,
Et te guida dans l'amour de Jésus.

Oui, tu dois tout à cet amour si tendre
Qui garantit et sauva ton berceau ;
Marie a su chaque jour te le rendre,
Comme un présent, comme un bienfait nouveau.

Et toi, pécheur, trop coupable victime,
Hélas ! souillé de mille égarements,
Qui te retint sur le bord de l'abîme ?
Qui différa tes horribles tourments ?

Ingrat, peux-tu longtemps la méconnaître,
La main d'où part un bienfait aussi doux ?

Marie osa, de son souverain maître,
Jusqu'à ce jour suspendre le courroux.

Ah! vois pour toi ses yeux baignés de larmes,
Et de son cœur compte chaque soupir;
Sa voix touchante et si pleine de charmes
De ton retour exprime le désir.

Vole en ses bras, elle est encor ta mère;
Prête l'oreille à ses tendres accents :
« Fils bien-aimé, de ta douleur amère
« Viens dans mon sein apaiser les tourments.

« Tu m'as coûté tout le sang de mes veines,
« Quand je devins mère de ton Sauveur;
« J'ai tant souffert! ah! pour prix de mes peines
« Accorde-moi l'empire de ton cœur. »

RETOUR DU PÉCHEUR.

Tendre Marie, à cette âme rebelle
Quand vous offrez une telle bonté,
Qui peut encor demeurer infidèle?
Ah! je reviens au Dieu que j'ai quitté.

Il en est temps, aimable protectrice,
Ouvrez pour moi ce cœur si plein d'amour;
De votre Fils apaisez la justice,
Je me consacre à Jésus sans retour.

Autre.

1. Unis aux concerts des Anges,
   Aimable Reine des Cieux,

44

Nous célébrons tes louanges
Par nos chants mélodieux.
De Marie
Qu'on publie
Et la gloire et la grandeur :
Qu'on l'honore,
Qu'on l'implore,
Qu'elle règne sur mon cœur.

2. Auprès d'elle, la nature
Est sans grâce et sans beauté ;
Les cieux perdent leur parure,
L'astre du jour sa clarté.
De Marie, etc.

3. C'est le lys de la vallée,
Dont le parfum précieux,
Sur la terre désolée,
Attira le Roi des Cieux.
De Marie, etc.

4. C'est l'auguste sanctuaire
Que le Dieu de majesté
Inonda de sa lumière,
Embellit de sa beauté.
De Marie, etc.

5. C'est la Vierge incomparable,
Gloire et salut d'Israël ;
Qui, pour un monde coupable,

Fléchit le courroux du Ciel.
    De Marie, etc.

6. Pour tout dire, c'est Marie !
    Dans ce nom, que de douceur !!!
    Nom d'une mère chérie;
    Nom, doux espoir du pécheur.
        De Marie, etc.

7. Ah ! vous seul pouvez nous dire,
    Mortels qui l'avez goûté,
    Combien doux est son empire,
    Combien grande est sa bonté !
        De Marie, etc.

8. Nul, jamais, de la détresse
    Ne fit entendre le cri,
    Qui n'obtint, de sa tendresse,
    Sous son aile un sûr abri.
        De Marie, etc.

9. Vous, qui d'un monde perfide
    Craignez les puissants appas,
    Si Marie est votre guide,
    Non, vous ne périrez pas.
        De Marie, etc.

10. En vain l'enfer en furie
    Frémirait autour de vous ;
    Si vous invoquez Marie,

Vous braverez son courroux.
De Marie, etc.

11. Oui ! je veux, ma tendre mère,
Jusqu'à mon dernier soupir,
T'aimer, te servir, te plaire,
Et pour toi vivre et mourir.
De Marie, etc.

Autre.

En ce jour,
O mère
Si bonne,
Je te donne
Mon amour.

1. Jour et nuit,
La terre
Entière,
Tendre mère,
Te bénit.
En ce jour, etc.

2. Pour toujours
Mon âme
S'enflamme

Et réclame
Ton secours.
En ce jour, etc.

3. Si mon cœur,
O mère
Si chère,
Peut te plaire,
Quel bonheur !
En ce jour, etc.

4. O pécheur,
La mère
Si bonne
Te pardonne
De bon cœur.
En ce jour, etc.

5. Donne-moi,
   Marie
   Chérie,
Pour la vie,
D'être à toi.
En ce jour, etc.

6. Qu'à jamais
   Mon âme
   S'enflamme
Et proclame
Ses bienfaits.
En ce jour, etc.

7. En ton nom
   J'espère
   Lumière,

Tendre mère,
Et pardon.
En ce jour, etc.

8. Nuit et jour,
   Ma lyre
   Soupire,
Pour te dire
Mon amour.
En ce jour, etc.

9. A la mort,
   Qui prie
   Marie,
Plein de vie,
Entre au port.
En ce jour, etc.

Gloire à Marie.

Bénissons, en ce jour,
La mère du Dieu d'amour. } bis.

Portez-la sur vos ailes,
O brûlants Séraphins!
Trônes et Chérubins,
Soyez-lui tous fidèles.
Bénissons, etc.

Sur un trône de gloire
Je la vois dans les cieux ;
Que vos chants amoureux
Exaltent sa mémoire.
   Bénissons, etc.

D'une palme immortelle
Ornez ses pures mains ;
Sublimes Séraphins,
Rangez-vous autour d'elle.
   Bénissons, etc.

Que la tendre Marie
Règne sur l'univers ;
Elle a brisé nos fers,
Et nous avons la vie.
   Bénissons, etc.

Que le ciel et la terre
L'honorent à la fois ;
Que les sujets, les rois
La prennent pour leur mère.
   Bénissons, etc.

Que tout s'anéantisse
Aux pieds de sa grandeur ;
Donnons-lui tous nos cœurs ;
Que l'enfer en frémisse.
   Bénissons, etc.

Ébloui par les charmes

D'un monde séducteur,
Nous cherchions le bonheur
Et nous trouvions les larmes.
    Bénissons, etc.

La divine sagesse
Avait fui loin de nous,
Des ennemis jaloux
Trompaient notre jeunesse.
    Bénissons, etc.

Mais l'auguste Marie
Nous offre son flambeau ;
Elle rompt le bandeau
Qui nous l'avait ravie.
    Bénissons, etc.

Sous son joug tutélaire
Nous respirons en paix ;
Et comblés des bienfaits
De cette aimable mère.
    Bénissons, etc.

Celui qui la méprise
A perdu tout soutien ;
La servir, d'un chrétien
Doit être la devise.
    Bénissons, etc.

Jetons-nous à l'envie
Dans ses bras maternels ;

Entourons les autels
De la tendre Marie.
  Bénissons en ce jour
La Mère du Dieu d'amour.   } *bis.*

Autre.

A ton service, auguste Reine,
Pour toujours nous nous consacrons;
Jamais, aimable Souveraine,
Jamais nous ne te trahirons.
Par une lâche apostasie,
Nous t'offenserions désormais!
Nous, blesser ton cœur, ô Marie!
Jamais, jamais, jamais.

Que le mondain, dans sa folie,
Coure après un plaisir trompeur;
Pour nous, à tes pieds, ô Marie!
Nous avons trouvé le bonheur.
C'est sous ton abri tutélaire
Que nous voulons passer nos jours;
Daigne te montrer notre mère,
Toujours, toujours, toujours.

Quand un infortuné t'appelle,
L'amour précipite tes pas.
De tous côtés, Vierge fidèle,
Que de pleurs ne taris-tu pas!

C'en est fait : d'un amour sincère,
Nous voulons t'aimer désormais.
Nous, t'affliger ! ô tendre mère !
Jamais, jamais, jamais.

Si le monde veut nous séduire,
C'est toi qui nous protègeras,
Si contre nous l'enfer conspire,
Nous nous jetterons dans tes bras.
Là, nous ne craindrons plus la guerre,
Là, nous passerons d'heureux jours ;
Tu seras notre tendre mère,
Toujours, toujours, toujours.

Sur ton cœur, divine Marie,
Tu vois nos cœurs en ce beau jour ;
Tu vois de notre âme attendrie,
Vers toi s'élancer notre amour.
Nous ne voulons plus nous soustraire
A tes admirables bienfaits ;
Nous, t'affliger, ô tendre mère !
Jamais, jamais, jamais.

Quand viendra, terrible pensée !
Ce dernier jour tant redouté,
Où notre âme sera placée
Sur le seuil de l'éternité ?
Dans tes bras, ô mère chérie !
Nous finirons en paix nos jours,

Au ciel nous bénirons Marie,
Toujours, toujours, toujours.

* * *

REFRAIN.

Toujours, toujours, tu seras notre mère,
Toujours, toujours, tu seras nos amours.
Tu nous vois tous
A tes genoux,
Mère chérie ;
Tu nous vois tous
A tes genoux :
Sois avec nous,
Protége-nous !
Toujours, toujours, tu seras notre mère,
Toujours, toujours, tu seras nos amours.

CONSÉCRATION

A LA SAINTE VIERGE, APRÈS LE ROSAIRE.

Très-Sainte Vierge, Mère de Dieu, Reine du Saint-Rosaire, je vous choisis aujourd'hui pour ma Mère, ma Maîtresse et ma Patronne. Je mets entre vos mains mon corps, mon âme, ma vie, ma mort et mon éternité : recevez-moi, ô divine Marie, pour

votre { serviteur / servante }, et faites que je sois toujours { le fidèle serviteur / la fidèle servante } de votre divin fils. Je
viens de méditer ses mystères, faites que
j'imite ses vertus et les vôtres. Ainsi soit-il.

Litanies de la Sainte Vierge.

<table>
<tr><td>Kyrie, eleison.</td><td>Mater inviolata,</td></tr>
<tr><td>Christe, eleison.</td><td>Mater intemerata,</td></tr>
<tr><td>Kyrie, eleison.</td><td>Mater amabilis,</td></tr>
<tr><td>Christe, audi nos.</td><td>Mater admirabilis,</td></tr>
<tr><td>Christe, exaudi nos.</td><td>Mater Creatoris,</td></tr>
<tr><td>Pater de cœlis, Deus, miserere nobis.</td><td>Mater Salvatoris,</td></tr>
<tr><td>Fili, Redemptor mundi, Deus, miserere nobis.</td><td>Virgo prudentissima,
Virgo veneranda,</td></tr>
<tr><td>Spiritus sancte, Deus, miserere nobis.</td><td>Virgo prædicanda,
Virgo potens,</td></tr>
<tr><td>Sancta Trinitas, unus Deus, miserere nobis.</td><td>Virgo clemens,
Virgo fidelis,</td></tr>
<tr><td>Sancta Maria, ora pro nobis.</td><td>Speculum justitiæ,
Sedes sapientiæ,
Causa nostræ lætitiæ,</td></tr>
<tr><td>Sancta Dei Genitrix,</td><td>Vas spirituale,</td></tr>
<tr><td>Sancta Virgo Virginum,</td><td>Vas honorabile,</td></tr>
<tr><td>Mater Christi,</td><td>Vas insigne devotionis,</td></tr>
<tr><td>Mater divinæ gratiæ,</td><td>Rosa mystica,</td></tr>
<tr><td>Mater purissima,</td><td>Turris Davidica,</td></tr>
<tr><td>Mater castissima,</td><td>Turris eburnea,</td></tr>
</table>

Domus aurea,
Fœderis arca,
Janua cœli,
Stella matutina,
Salus infirmorum,
Refugium peccatorum,
Consolatrix afflictorum,
Auxilium Christianorum,
Regina Angelorum,
Regina Prophetarum,
Regina Patriarcharum,
Regina Apostolorum,
Regina Martyrum,
Regina Confessorum,
Regina Virginum,
Regina Sanctorum om-
nium, ora pro nobis.

Agnus Dei, qui tollis peccata mundi, parce nobis, Domine.

Agnus Dei, qui tollis peccata mundi, exaudi nos, Domine.

Agnus Dei, qui tollis peccata mundi, miserere nobis.

Christe, audi nos.
Christe, exaudi nos.

℣. Ora pro nobis, Sancta Dei Genitrix,

℟. Ut digni efficiamur promissionibus Christi.

Oremus. Gratiam tuam, quæsumus, Domine, mentibus nostris infunde : ut qui, angelo nuntiante, Christi Filii tui incarnationem cognovimus, per passionem ejus et crucem, ad resurrectionis gloriam perducamur. Per eumdem Christum Dominum nostrum. Amen.

Sub tuum præsidium confugimus, Sancta Dei Genitrix; nostra desprecationes ne despicias in necessitatibus nostris, sed à periculis cunctis libera nos semper, Virgo gloriosa et benedicta. Amen.

CHEMIN

DE LA CROIX

APPELÉ COMMUNÉMENT

VIA CRUCIS.

O Crux, ave, spes unica,
Mundi salus et gloria :
Auge piis justitiam ,
Reisque dona veniam.

LE PEUPLE. Vive Jésus, vive sa Croix !
Oh ! qu'il est bien juste qu'on l'aime,
Puisqu'en expirant sur ce bois,
Il nous aima plus que lui-même.
Disons donc tous à haute voix :
Vive Jésus, vive sa Croix !

PRIÈRE PRÉPARATOIRE

Que l'on doit faire au Maître-Autel.

O Jésus, notre aimable sauveur ! nous voici humblement prosternés à vos pieds, afin d'implorer votre miséricorde pour nous et pour les âmes des fidèles qui sont morts. Daignez nous appliquer à tous, les mérites infinis de votre sainte

56

Passion, que nous allons méditer. Faites que, dans cette voie de soupirs et de larmes où nous entrons, nos cœurs soient tellement contrits et repentants, que nous embrassions avec joie toutes les contradictions, les souffrances et les humiliations de cette vie.

Et vous, ô divine Marie, qui la première, nous avez enseigné à faire le chemin de la Croix, obtenez de l'adorable Trinité qu'elle daigne accepter, en réparation de tant d'injures qui lui sont faites, les affections de douleur et d'amour dont l'esprit vivificateur nous favorisera pendant ce saint exercice.

(En partant de l'Autel, deux Chantres entonnent le cantique suivant.)

SUR L'AIR : *Vous qui voyez couler mes larmes.*

> Suivons sur la Montagne sainte
> Notre Sauveur sanglant, défiguré,
> Et marchons après lui sans crainte,
> Sous le poids (*bis*) de l'arbre sacré.

Le peuple chante toujours après le cantique, la strophe suivante du *Stabat Mater :*

> Sancta Mater, istud agas,
> Crucifixi fige plagas
> Cordi meo validè.

LES CHANTRES REPRENNENT :

> Seigneur, malgré votre innocence,
> C'est moi, cruel, qui vous livre au trépas.
> Se peut-il que votre vengeance
> De ses traits (*bis*) ne m'accable pas ?

LE PEUPLE. Sancta Mater, etc.

PREMIÈRE STATION.

℣. Adoramus te, Christe, et benedicimus tibi;
℟. Quia per sanctam Crucem tuam redemisti mundum.

Jésus est condamné à mort.

Considérons la soumission admirable de Jésus, lorsqu'il reçoit cette injuste sentence, et tâchons de bien nous persuader que ce ne fut pas seulement Pilate qui le condamna, mais nous tous ici présents, et tous les pécheurs de l'univers, qui demandaient sa mort. Disons-lui donc, pénétrés de la plus vive douleur :

O adorable Jésus ! puisque ce sont nos crimes qui vous ont conduit au trépas, faites que nous les détestions de tout notre cœur, afin que notre repentir et notre pénitence nous obtiennent pardon et miséricorde.

Pater, Ave.

Gloria Patri, et Filio, et Spiritui Sancto. Sicut erat in principio et nunc et semper, et in secula seculorum. Amen.

℣. Miserere nostri, Domine.
℟. Mirerere nostri.
℣. Fidelium animæ per misericordiam Dei requiescant in pace.　　℟. Amen.

LES CHANTRES EN ALLANT A LA STATION
SUIVANTE.

Hélas ! sous cette Croix pesante,
Divin Agneau, vous portez nos péchés :
　C'est sur votre chair innocente
　Que l'amour (*bis*) les tient attachés,
LE PEUPLE. Sancta Mater, etc.

DEUXIÈME STATION.

℣. Adoramus te, etc.

Jésus est chargé de sa Croix.

Considérons avec quelle douceur notre divin Maître reçoit sur ses épaules meurtries et ensanglantées le terrible instrument de son supplice. C'est ainsi qu'il veut nous enseigner à porter notre croix, en acceptant, avec la plus grande résignation, les maux qui nous sont envoyés du Ciel, ou qui nous viennent des créatures.

O doux Jésus ! ce n'était point à vous à porter cette Croix, puisque vous étiez innocent, mais à nous, misérables pécheurs, chargés de toutes sortes d'iniquités. Donnez-nous donc la force de vous imiter, en supportant sans murmurer les revers et les disgrâces de cette vie, qui, dans l'ordre de votre Providence paternelle, doivent être pour nous l'occasion de satisfaire à votre justice et le moyen d'arriver à la céleste patrie.

Pater, Ave, Gloria, Miserere, Fidelium, etc.

LES CHANTRES.

O Ciel ! le Dieu de la nature
Tombe affaibli sous son cruel fardeau,
Et sa perfide créature,
Sans pitié (*bis*) devient son bourreau.

LE PEUPLE.

Sancta Mater, etc.

TROISIÈME STATION.

℣. Adoramus te, Christe, etc.

Jésus tombe sous le poids de sa Croix.

Considérons Jésus-Christ entré dans la route du Calvaire. Le sang qu'il avait répandu dans la flagellation et le couronnement d'épines l'a tellement affaibli, qu'il tombe sous son pesant fardeau, et ne se relève qu'après les outrages les plus sanglants, qu'il endure sans témoigner aucun sentiment d'indignation. Voilà comment il a voulu expier toutes nos chutes, et nous apprendre à nous relever par les austérités de la pénitence, quand nous avons eu le malheur de tomber dans l'abyme du péché.

O bon Jésus! tendez-nous une main secourable au milieu de tant de dangers auxquels nous sommes exposés. Daignez nous fortifier dans nos faiblesses, afin qu'après vous avoir suivi courageusement sur le Calvaire, nous puissions y goûter les fruits délicieux de l'arbre de vie, et devenir éternellement heureux avec vous.

Pater, Ave, Gloria, Miserere, Fidelium, etc.

LES CHANTRES.

Où allez-vous, divine Mère?
Où allez-vous, Marie? ah! je frémis.
Bientôt sur ce triste Calvaire,
Va mourir (*bis*) votre aimable Fils.

LE PEUPLE.

Sancta Mater, etc.

✝

QUATRIÈME STATION.

℣. Adoramus te, Christe, etc.

Jésus rencontre sa très-sainte Mère.

Considérons combien il fut douloureux pour ce divin Fils, de voir cette mère chérie dans ces circonstances si cruelles, et pour Marie, de voir son aimable Fils traîné inhumainement par une troupe de scélérats, au milieu d'un peuple innombrable qui le charge d'injures. A cette vue, son cœur maternel est percé de mille glaives, et est livré à toutes les angoisses. Elle voudrait délivrer notre Sauveur, et l'arracher des mains de ses bourreaux; mais elle sait qu'il faut que notre salut s'opère ainsi. Unissant donc le sacrifice de son amour à celui de son Fils, elle partage toutes ses souffrances, et s'attache à lui jusqu'au dernier soupir.

O Marie, mère de douleur! obtenez-nous cet amour ardent avec lequel vous accompagnâtes Jésus-Christ sur la montagne sainte, et cette fermeté que vous fîtes paraître au pied de la Croix, afin que nous y demeurions constamment avec vous, et que rien ne puisse jamais nous en séparer.

Pater, Ave, Gloria, Miserere, Fidelium, etc.

LES CHANTRES.

Puisque c'est moi qui suis coupable,
Retirez-vous, faible Cyrénéen,
Je veux seul, ô croix adorable!
Vous porter (*bis*), mais en vrai chrétien.

LE PEUPLE.

Sancta Mater, etc.

CINQUIÈME STATION.

℣. Adoramus te, Christe, etc.

Simon le Cyrénéen aide Jésus à porter sa Croix.

Considérons la grande bonté de Jésus-Christ envers nous. S'il permet qu'on lui aide à porter sa Croix, ce n'est pas qu'il manque de force, étant celui qui soutient l'univers; mais il veut nous enseigner à unir nos souffrances aux siennes, et à partager avec lui son calice d'amertume.

O Jésus, notre maître, vous en avez bu le plus amer, et vous ne nous en avez laissé que la plus petite partie. Ne permettez pas que nous soyons assez ennemis de nous-mêmes, pour la refuser. Faites, au contraire, que nous l'acceptions volontiers, afin de nous rendre dignes de participer aux torrents de délices dont vous enivrez vos élus dans la terre des vivants.

Pater, Ave, Gloria, Miserere, Fidelium, etc.

LES CHANTRES.

Seigneur, hélas! qu'est devenue
Votre beauté qui réjouit les saints;
Faibles mortels, à cette vue,
Serez-vous (*bis*) endurcis et vains?

LE PEUPLE.

Sancta Mater, etc.

✝

SIXIÈME STATION.

℣. Adoramus te, Christe, etc.

Une femme pieuse essuie la face de Jésus-Christ.

Considérons l'action héroïque de cette sainte femme, qui s'avance à travers la foule des soldats pour voir son divin Maître ; elle l'aperçoit tout couvert de crachats, de poussière, de sueur et de sang. Un tel spectacle attendrit son âme jusqu'aux larmes, et son amour la mettant au-dessus de toute crainte, elle s'approche de Jésus, essuie ce visage défiguré, cette auguste face qui ravit tous les saints, devant laquelle les Anges se couvrent de leurs ailes, ne pouvant en soutenir l'éclat.

O Jésus, le plus beau des enfants des hommes ! en quel état vous a réduit votre amour pour nous ! Non, jamais vous n'avez été plus digne de nos adorations et de nos hommages. Nous vous adorons donc ; et, prosternés devant votre divine Majesté, nous vous supplions d'oublier toutes nos offenses, et de rendre à notre âme son ancienne beauté qu'elle a perdue par le péché.

Pater, Ave, Gloria, Miserere, Fidelium, etc.

LES CHANTRES.

Sous les coups des bourreaux perfides,
Jésus-Christ tombe une seconde fois ;
Et ces infâmes déicides
Le voudraient (*bis*) déjà sur la croix.

LE PEUPLE.

Sancta Mater, etc.

SEPTIÈME STATION.

℣. Adoramus te, Christe, etc.

Jésus tombe à terre pour la seconde fois.

Considérons l'Homme-Dieu succombant derechef. Contemplons cette sainte victime étendue par terre sous le faix horrible du bois de son sacrifice, exposé de nouveau à la cruauté des soldats et de ses meurtriers. C'est encore pour nous donner des preuves de son amour infini, que Jésus-Christ permet cette seconde chute. Il veut aussi nous montrer par là, que, retombant si souvent dans le péché, nous ne devons, néanmoins, jamais perdre confiance, mais tout espérer de sa miséricorde ; et qu'au milieu des plus grandes afflictions, il ne faut pas se laisser aller au découragement ; que la voie du ciel est semée de ronces et d'épines ; que pour être glorifié, il faut auparavant passer par le creuset des souffrances.

O Jésus, notre force ! préservez-nous de toute rechute, et ne permettez pas que nous ayons le malheur, en nous perdant, de rendre inutiles, tant de fatigues et de peines que vous avez endurées pour nous délivrer de la mort éternelle.

Pater, Ave, Gloria, Miserere, Fidelium, etc.

LES CHANTRES.
Ne pleurez point sur mes souffrances :
Pleurez sur vous, ô filles d'Israël !
Afin que le Dieu des vengeances
Ait pour vous (*bis*) un cœur paternel.
LE PEUPLE. Sancta Mater, etc.

✝

HUITIÈME STATION.

℣. Adoramus te, Christe, etc.

Jésus console les filles d'Israël qui le suivent.

Admirons ici la générosité incomparable de Jésus-Christ. Il oublie, pour ainsi dire, ses propres souffrances, afin de ne s'occuper que de celles des saintes femmes, et de leur procurer les consolations dont elles avaient besoin dans le grand abattement où son état déplorable les avait jetées. En leur recommandant de ne point pleurer sur lui, mais plutôt sur elles-mêmes et sur leur perfide patrie, il nous fait sentir que son cœur serait peu sensible à notre compassion, si nous ne commencions par pleurer nos péchés, qui sont la seule cause de ses douleurs.

O aimable Jésus! vrai consolateur des âmes affligées, daignez jeter sur nous des regards de tendresse et de miséricorde ; faites-nous la grâce de vous accompagner constamment dans le Chemin de la Croix, avec les filles de Jérusalem, afin d'y entendre, comme elles, des paroles de vie et d'y jouir de vos ineffables consolations.

Pater, Ave, Gloria, Miserere, Fidelium, etc.

LES CHANTRES.

Seigneur, vous tombez de faiblesse :
N'êtes-vous plus le Dieu puissant et fort ?
C'est le péché qui vous oppresse,
Et conduit (*bis*) vos pas à la mort.

LE PEUPLE.

Sancta Mater, etc.

NEUVIÈME STATION.

℣. Adoramus te, Christe, etc.

Jésus tombe pour la troisième fois.

Considérons l'adorable Jésus arrivé au sommet du Calvaire. Il jette alors ses regards sur le lieu où il va bientôt être sacrifié à la fureur de ses ennemis. Ce qui l'occupe en ce moment, ce sont nos chutes sans fin, et l'inutilité de son sang pour le grand nombre des pécheurs. Cette pensée cruelle le consterne et afflige son tendre cœur, plus que tous les supplices qu'il doit encore souffrir. Elle jette son âme dans une profonde tristesse et dans un si cruel abattement, que ses forces venant à lui manquer comme dans son agonie, il se laisse aller la face contre terre.

O Jésus, victime d'amour! voici donc que vous allez être immolé pour le salut des hommes. Daignez nous appliquer les mérites de votre sacrifice dans le temps, afin que nous puissions vous offrir celui de nos louanges pendant l'éternité.

Pater, Ave, Gloria, Miserere, Fidelium, etc.

LES CHANTRES.

Venez, et déployez vos ailes,
Anges du Ciel, sur votre Créateur,
Voilez ses blessures cruelles,
Et ce corps (*bis*) navré de douleurs.

LE PEUPLE.

Sancta Mater, etc.

✝

DIXIÈME STATION.

℣. Adoramus te, Christe, etc.

Jésus est dépouillé de ses vêtements.

Considérons combien fut grande la douleur de Jésus-Christ, lorsque les bourreaux lui arrachèrent ses habits. Toutes les plaies qu'il avait reçues, et qui avaient collé sa robe contre sa chair sacrée, se rouvrirent en ce moment, pour lui faire souffrir à la fois tous les tourments de la flagellation. Mais ce qui lui fut encore bien plus sensible, c'était de se voir exposé à la vue d'une foule immense de spectateurs.

O Jésus, divin Agneau ! vous voilà donc parvenu au lieu de votre supplice, sans que vous ayez ouvert la bouche pour vous plaindre ! Ah ! que votre silence est éloquent et énergique ! Avec quelle force ne nous prêche-t-il pas la nécessité de réprimer nos impatiences et nos murmures ! Vous vous laissez encore dépouiller de vos vêtements, pour expier le malheur que nous avons eu de perdre le don précieux de la grâce. Daignez donc nous le faire recouvrer, et nous dépouiller entièrement du vieil homme, afin que nous ne vivions plus que selon les sentiments de votre cœur adorable.

Pater, Ave, Gloria, Miserere, Fidelium, etc.

LES CHANTRES.

Que faites-vous, peuple barbare ?
Vous allez donc consommer vos forfaits,
Ce bois est le lit qu'on prépare
A Jésus (*bis*) pour tant de bienfaits.

LE PEUPLE. Sancta Mater, etc.

ONZIÈME STATION.

℣. Adorámus te, Christe, etc.

Jésus est attaché à la Croix.

Considérons Jésus-Christ s'offrant à ses bourreaux pour être crucifié, et s'étendant lui-même
sur l'arbre de la croix. Quel tourment ne dut-il
pas endurer, dans le temps que les coups de mar-
teau enfonçaient les clous dans ses pieds et dans
ses mains adorables? Alors sa chair se déchire, ses
os se froissent, ses nerfs se rompent, ses veines se
brisent : le sang coulant à grands flots, épuise ses
forces, et ajoute à de si horribles supplices, celui
de la soif la plus ardente.

O péché, maudit péché! c'est toi qui fus la cause
de cette mer de douleur, dans laquelle nous contemplons la victime de notre salut ! Ah ! chrétiens,
quel excès d'amour ! quelle immense charité ! Qu'à
cette vue nos cœurs se déchirent et s'embrasent.
Qu'ils renoncent à tous les plaisirs de la terre.
Qu'ils soient sans cesse crucifiés avec celui de Jésus,
et que nos yeux versent jour et nuit des torrents
de larmes.

Pater, Ave, Gloria, Miserere, Fidelium, etc.

LES CHANTRES.

Le soleil, à ce crime horrible,
Voile l'éclat de son front radieux,
Et la créature insensible
Ne peut voir (*bis*) ce spectacle odieux.

LE PEUPLE.

Sancta Mater, etc.

✝

DOUZIÈME STATION.

℣. Adoramus te, Christe, etc.

Jésus meurt sur la Croix.

Considérons Jésus, le Dieu de toute sainteté, expirant entre deux scélérats, et admirons la douceur et la force de son amour. Il demande à son Père le pardon de ses bourreaux; il promet sa gloire au bon larron; il recommande sa Mère au disciple bien-aimé; il remet son âme entre les mains de son père; il annonce que tout est consommé, et il expire pour nous. Dans le même instant, toutes les créatures publient sa divinité. La nature entière s'attriste et semble vouloir s'anéantir, en voyant expirer son Créateur.

O pécheurs! n'y aura-t-il que vous qui demeurerez insensibles à ce spectacle si attendrissant? Jetez un regard sur votre Sauveur, voyez l'état affreux où vos crimes l'ont réduit. Il vous pardonne cependant, si votre repentir est sincère : il a ses pieds attachés pour vous attendre, ses bras étendus pour vous recevoir, son côté ouvert et son cœur blessé, pour répandre sur vous toutes ses grâces; sa tête penchée pour vous donner le baiser de paix et de réconciliation. Accourons donc tous auprès de sa Croix, et mourons pour lui, puisqu'il est mort pour nous.

Pater, Ave, Gloria, Miserere, Fidelium, etc.

LES CHANTRES. Le voilà donc, Mère affligée,

    Ce tendre Fils meurtri, sacrifié;

    Notre victime est immolée,

    Votre amour (*bis*) est crucifié,

LE PEUPLE, Sancta Mater, etc,

TREIZIÈME STATION.

℣. Adoramus te, Christe, etc.

Jésus est déposé de la Croix et remis à sa Mère.

Considérons la douleur extrême de cette tendre Mère, après la mort de Jésus son divin Fils. Elle reçoit ce précieux dépôt entre ses bras; elle contemple son visage pâle, sanglant et défiguré; elle voit ses yeux éteints, sa bouche fermée, son côté ouvert, ses mains et ses pieds percés. Cette vue est pour elle un martyre ineffable, et dont Dieu seul peut connaître tout le prix.

O Marie! c'est nous qui sommes la cause de votre affliction et ce sont nos péchés qui ont transpercé votre âme en attachant Jésus-Christ à la Croix. Daignez, ô Mère de miséricorde! obtenir notre pardon, et nous permettre d'adorer, dans vos bras, notre amour crucifié. Imprimez tellement dans nos âmes les douleurs que vous ressentîtes au pied de la Croix, que nous n'en perdions jamais le souvenir.

Pater, Ave, Gloria, Miserere, Fidelium, etc.

LES CHANTRES.

Près de cette tombe chérie,
Je veux mourir de douleur et d'amour,
Pour y puiser une autre vie,
Et voler (*bis*) au divin séjour.

LE PEUPLE.

Sancta Mater, etc,

†

QUATORZIÈME STATION.

℣. Adoramus te, Christe, etc.

Jésus est mis dans le Sépulcre.

Voici donc, Jésus, notre cher Rédempteur, voici donc où repose votre corps adorable, le précieux gage de notre salut. Faites que notre plus grande consolation, dans cette vallée de larmes, soit de nous occuper des supplices et de la mort ignominieuse que vous avez endurée pour nous racheter. Et parce que vous n'avez voulu être placé dans un sépulcre nouveau, que pour nous faire connaître que c'était avec un nouveau cœur que nous devions nous rapprocher de vous dans le Sacrement de votre amour, daignez nous purifier de toutes nos taches, et nous rendre dignes de nous asseoir souvent à votre sacré banquet. Ensevelissez dans ce même tombeau toutes nos iniquités et nos convoitises, afin que, mourant à nos passions et à toutes les choses d'ici-bas, pour mener avec vous une vie cachée en Dieu, nous méritions de faire une fin heureuse et de vous contempler à découvert, dans la splendeur de votre gloire.

Pater, Ave, Gloria, Miserere, Fidelium, etc.

(En retournant à l'autel.)

LES CHANTRES.

Seigneur, dans mon âme attendrie,
Gravez les maux qu'on vous a fait souffrir ;
Et vous, ô divine Marie !
Hâtez-vous (*bis*) de nous secourir.

LE PEUPLE. Sancta Mater, etc.

Table des Cantiques

CONTENUS DANS CE RECUEIL.

—

Paris. — Imprimerie de H. V. DE SURCY, rue de Sèvres, 37.